CAMPANAS AL VIENTO

POEMAS PARA MEDITAR, SOÑAR Y REÍR

GRACE FRANCHI

Fotografía

Por

Alexandra Franco

Printed in the United States of America

ISBN:9798602392579

ÍNDICE

SOBRE LA AUTORA

Grace Franchi, amante de los animales, vegetariana y ávida lectora, es una mujer de gran inspiración como poeta, escritora y pensadora religiosa. Asidua en su actividad literaria, así como en el campo de la curación natural y diversos intereses culturales , escribe poesía, cuentos para adultos y niños , y ensayos sobre la curación naturista y el vegetarianismo . Ella nació en una familia de escritores y pintores, y ha escrito desde la infancia. También aboga por los derechos humanos, los derechos de los animales, formas naturales de curación, el vegetarianismo, la agricultura orgánica y el medio ambiente. Grace vive en Florida con sus dos perros, Darla, un Labrador negro perro guía, y Cristian, un travieso caniche blanco.

Además de lo ya dicho, la autora es una nutricionista competente que ha ayudado a muchas personas a fortalecer su salud y vivir más cerca de la naturaleza. Ella es una esperantista entusiasta desde hace muchos años.

Para más información sobre la autora y sus libros, puede visitar su página web

HTTP://WWW.GREENPATHTOWELLNESS.COM/

NOTA DE LA AUTORA

Con excepción de algunos artículos, poemas y cuentos breves, publicados en diferentes revistas y periódicos, escribo solamente en ingles. Recientemente encontré en mi computadora tres libros en español escritos hace mucho tiempo, y decidí editarlos y publicarlos.

Como ya dijo un poeta la vida cambia de color según el cristal con que se mira. Asimismo, podemos decir que la vida es poema, sátira, fábula, tragedia, comedia, cuento fantástico o historia de suspenso, de acuerdo con nuestras vivencias, expectativas y capacidad de adaptación.

Cada uno de estos poemas tiene un origen propio, una razón de ser. Nacidos de una desilusión, de un recuerdo, de un encuentro peculiar, de una meditación, de un atardecer lluvioso, o de un rayo de sol jugueteando entre las ramas de un pino. Ahora se abren como flores, vuelan como mariposas y repican como campanas al viento.

DEDICATORIA

8

A todos aquellos seres que se cruzaron en mi camino.
Cada uno de ellos me enseñó algo importante.

A TI AMIGO ÁRBOL

Árbol que desde antaño me esperas a la vera del camino,
Ahonda tus raíces sanas en la tierra buena,
Mantente siempre erguido y firme
Con tu copa mirando siempre al cielo,
Descubriendo su azul a través de las nubes.

No permitas que el leñador cercene tus ramas.
Florece cada primavera,
Cobija a todos los pájaros que a ti lleguen,
Sacia con tus frutos las apetencias del errante,
Prodiga generoso tu sombra en derredor.

Resplandece bajo el sol,
Sueña bajo las estrellas,
Ríe bajo la lluvia,
Canta en el viento tu verde canto de amor.

Yo, algún quieto atardecer violeta
Me acercaré a ti con el corazón anhelante,
Te abrazaré cálidamente,
Tú enredarás tus ramas en mi pelo,
Y nos reconoceremos en silencio.

Apoyaré mi cabeza sobre tu perfumado, áspero tronco,
Y tú me abrazarás feliz.

ADIÓS

Vete ya, déjame aquí sola
Y no vuelvas la cabeza para verme sonreír porque estaré
llorando.

El sol incendiará la playa día tras día,
Las palmeras se cimbrearán voluptuosas al ritmo de la brisa,
El mar se mecerá en su verde cuna
De caracoles, algas, conchillas y corales,
Y la espuma alcanzará la orilla donde dormir en paz.

Plateados peces emergerán del agua
Para zambullirse nuevamente una y otra vez.

Al compás de lejanos tambores la noche llegará sin prisa.
Aves extrañas con sus extraños cantos surcarán el aire,
Y yo aquí, siempre aquí porque ya no tengo caminos.

AMANECER

El sol emergía lentamente del mar,
Se desperezaba en el horizonte,
Abriendo su enorme boca, echando rojas llamaradas sobre la
arena húmeda,
Ansiando alcanzar un cielo de estrellas fugitivas y sombras
disipadas por la luz.

Olas mansas, acunando algas y cantando entre las piedras,
iban y venían rítmicamente.
Blancas gaviotas alineadas en la orilla se prestaban a iniciar
el día,
Un gran gato gris perla acechaba bajo un árbol,
Un pájaro de largo pico rojo volaba intentando alcanzar una
naranja que pendía de la rama más alta,
Un pescado amarillo saltó entre las olas
Y desapareció bajo la estela que dejaba un barco al pasar.

Multitud de flores de diversos colores
Se abrieron al amanecer rosado que descendía por la
montaña
De dorados y cobrizos tonos, cayendo en cascadas sobre el
verde valle dormido.

Las puertas comenzaron a abrirse una a una.
Rostros morenos se asomaban, se saludaban entre sí
Y elevaban sus alertas miradas hacia el nuevo cielo.

Una vaca mugió mientras los terneros se acercaban a ella
para alimentarse.
El traqueteo de los cascos de un caballo que recorría el
pueblo

Repartiendo frutas y vegetales se confundió pronto con
muchos otros caballos
Que se dispersaban por todas las callejuelas en diferentes
direcciones,
Cumpliendo distintos quehaceres.

Un nuevo día estaba en marcha
Y oraciones de gratitud se elevaban al cielo desde muchos
corazones.

AMIGO

El sol rodaba como una naranja dorada por un bosque de
estrellas imperceptibles,
Florecientes en la espesura profunda del azul que se
convertía en noche.
El mar, cantando una dulce canción de cuna, arrullaba en sus
alas verdes algas y peces.
Yo caminaba por la blanca orilla bordada de espuma,
Descubriendo maravillas de coral y caracol.
Alguien me llamó. Me volví. Tú sonreías y me tendías la
mano.

"¿Qué deseas?" Te pregunté.
"Quiero que seas feliz," respondiste.
"¿Quién eres?" quise saber.
"Tu amigo," dijiste, abrazándome.

Un pájaro blanco remontó vuelo desde el agua
Y un alga se quedó dormida para siempre sobre la arena
tibia.
Te devolví la sonrisa y tomé tu mano.
La noche se encendía titilando como una gigantesca
luciérnaga.
Yo había encontrado un amigo.

ANOCHECER

14

A lo lejos un barco guiña sus luces
Y un cardumen viaja hacia el sur.
Un pelícano chasquea el agua con su pico
Y una llama dorada se extingue en el poniente rosado.
Una luna anaranjada emerge del mar como un capullo,
Trepando por el cielo de amatistas.

AQUÍ TE ESPERARÉ

Como una reluciente esmeralda, el mar, caprichoso, rodaba
en su muelle lecho de arena.
Blanquísimas crestas de espuma cosquilleaban mis pies al
andar.
El cielo, ya violeta, se deslizaba por el horizonte hasta tocar
el agua.
Una mano invisible pintaba en el crepúsculo tornasoladas
extrañas formas.
La tarde caminaba junto a mí por el largo sendero, sin pausa
y sin prisa.

Una voz cálida y suave pronunció mi nombre.
Me volví y allí estabas tú, Principito.
Principito de ojos asombrados, de sonrisa fresca, de fino pelo
rubio cayendo sobre tu rostro.
Te reconocí enseguida y, devolviéndote la sonrisa, me
acerqué a ti.
Me contaste de tu largo peregrinar por tantos mundos...
Me hablaste de tu única Flor, de la rosa que tanto amabas...
Me confiaste tu amistad con el Zorro...
Me pediste que te dibujara un cordero,
Y también un bozal para que por las noches él no pudiera
comerse tu flor...

Yo a mi vez te hablé sobre mi perenne y afanosa búsqueda,
De mi vida errante, de mi corazón herido por las ilusiones
marchitas...
Pronto llegó la noche, envolviéndonos en su luminoso manto
de estrellas,
Y cuando apareció la luna debí partir.
Sacudiendo tu cabeza como para alejar la pena, sonriendo
me dijiste:

"Aquí te esperaré, sé que volverás algún día."
Te abracé, besé tu frente, y me alejé en silencio.

AYER

17

Recuerdo un ayer pletórico de esperanzas,
El perfume de los lirios en la pradera,
El rocío de las mañanas,
Las hojas de los árboles
Susurrando en la brisa,
El trinar de los pájaros,
Las voces de los animales,
El gusto del agua cristalina
Brotando de las montañas.

CREPÚSCULO

Las flores blancas se abren
Mientras el sol poniente se deshace en rubíes sobre el lago
azul,
Donde un grupo de peces amarillos aletea rumbo al sur.
Nubes anaranjadas se deslizan perezosas
Por un cielo que troca sus azules en una larga cadena
cromática.
Una gaviota vuela hacia la playa,
Revolotea sobre la orilla del océano,
Se posa sobre la arena bordada de caracoles,
Despliega las alas,
Remonta el vuelo y desaparece.

EL LLAMADO

Acariciarte con el pensamiento al caer la tarde
Como la brisa barre la arena en las playas,
Entibiar tu corazón con el recuerdo de un beso fugaz
Como el sol de otoño dora las piedras,
Anidarme en tus brazos como un ave se abriga en el ramaje
Y derramarme apasionada sobre ti una madrugada
Como las olas estremecidas abrazan los arrecifes de coral.
Dormirme fusionada contigo, como la luna en un espejo
Y al despertar no saber si tú eres yo, o yo soy tú.

EL ÚLTIMO TREN

Yo corría presurosa hacia el futuro
Buscando perderme en el olvido,
Escapando de un presente vacío de ti.
Repentinamente me detuve en una esquina del silencio,
Esperando un tren llamado Tiempo.

Hablé con los años, los días, las horas y los minutos
Para que me vendieran un pasaje de ida
A las verdes tierras del recuerdo
Donde mi corazón tenía su nido,
Para rescatar una noche que había dejado olvidada en la
playa,
Una noche de luna y olas mansas que lamían la orilla
Con sus redondas, brillantes lenguas de caracol.

Fue una noche fría que tu entibiaste
Con tu beso, tu emoción, tus manos oprimiendo las mías.

Fue una noche que se trocó dulce canción
Para acunar nuestro deseo escondido,
Nuestra tímida promesa levemente musitada.

El océano, espejo de esmeraldas
Donde nuestras almas se contemplaban embelesadas,
Confundiéndose una en la otra,
Capturó nuestra noche, guardándola en sus entrañas.

Yo te perdí sin siquiera saberlo...
Resuena en mi corazón tu voz,
Eco lejano que me llama sin pausa
Desde el sueño remoto que espera ser vivido.

Le ruego a los relojes y almanaques
Que me embarquen sin más demora para ir a tu encuentro
Y juntos desgranar las doradas espigas de los sueños,
Nadar en la fragancia del amor,
Amasar el pan de la alegría
Y, cobijados en la noche hecha capullo,
Amarnos... Amarnos... Amarnos...

EL VACÍO

Caminar lentamente por los espacios siderales,
Encontrar la vía recta que conduce a un agujero negro,
Detenerme sólo por unos pocos segundos ante la boca
hambrienta
Y sentirme absorbida por la gran fuerza salvaje de la nada.
Dejarme arrastrar sin oponer resistencia,
Ser tragada por el gran vaso de la noche sin fin.
Viajar por el túnel del sueño sin sueños,
Viajar por el tiempo inmóvil en el espacio
Sin espacio de la materia comprimida,
Y allí estar sin saber que estoy,
Esperar sin saber que espero...

ENSUEÑO

23

La noche cálida abre y cierra sus luminosos ojos
Mientras se pasea a grandes pasos por el mar.
Sobre la roca musgosa alguien atisba el horizonte
Como quien espera un buque, sabiendo que este tardará en
llegar.

El observador ve flotar en el agua una larga cabellera
Y se estremece profundamente
Al escuchar a lo lejos el suave y ronco canto del mar?
De una sirena? Sólo él lo sabe.

Cuando el alba esparce su rosa por el cielo
El soñador despierta y se aleja sonriente,
Pisando castillos de arena,
Mientras la gaviota más blanca se posa en la más alta roca a
soñar.

FIESTA

El crepúsculo abrazaba las colinas
Y ocres y dorados emergían de la piedra.
Un pájaro negro circunvoló el paraje,
Se detuvo sobre la peña más alta,
Picoteó la rala hierba y se alejó presuroso.

Las sombras tempranas descendían lentamente,
Rodando por las áridas rocas, una a una.
Finalmente los cerros quedaron envueltos
Por un viento gélido y un nebuloso manto de plata.

Las piedras se movieron en una danza imperceptible
Y de sus oquedades repentinamente aparecieron uno a uno
Los Seres de la Tierra, del agua, del fuego y del aire.
Se tomaron de las manos
Y formaron una gran rueda alrededor de las colinas.

Un relámpago parpadeó en el cielo, iluminando la escena
Y la poderosa voz del trueno rezó el enigmático himno...
La danza se inició estrepitosamente,
Llenando la noche de una extraña, salvaje algarabía.

La lluvia torrencial caía sobre el agreste valle,
Tamborileando en alegre compás
Sobre los techos de las casas, acunando el sueño de los
mortales.

INSTANTE

El hombre, ya hastiado de correr caminos,
Se tendió sobre la grama perfumada
A contemplar una enorme luna celeste
Que se balanceaba serenamente
Acunando estrellas
En la noche solitaria.

En el espejo del silencio pudo ver su alma
Y, observándola minuciosamente,
Descubrió que, aunque la tierra de su jardín era fértil,
No había florecido aún nada.

Deseos de verde crecieron en él
Y lo colmaron de esperanzas.
Ávidamente tendió la mano...
Allí estaba la tibieza de una mujer.

También ella había detenido su carrera,
Buscando pájaros, ofreciendo semillas...

Las miradas entretejieron sueños
Y las risas brotaron como claros manantiales.
El jardín del hombre se engalanó de capullos en flor,
Y remotos pájaros de bellos trinos
Anidaron en el vergel de su compañera.

La luna se desvaneció en la aurora.
Ellos se estremecieron al unísono
En un beso inesperado y furtivo
Y una caricia que no pudo ser,
Quedó flotando en el aire...

Lentamente se apartaron,
Alejándose por muy diferentes caminos.
Ahora el hombre camina con el alma cargada de flores
Que cada mañana riega con el recuerdo de ella.
La mujer sonríe, andando su senda
Y azules pájaros anidan en su nostalgia...
Ambos comparten una promesa, una ilusión...

INTERROGANTES

"¿Qué hago aquí?"
Se preguntó el ser una y otra vez,
Mirando a su alrededor con ojos entrecerrados.

Estaba tan habituado a las sombras de la cueva
En donde había pasado toda su vida,
Que al salir al exterior
No podía tolerar el brillante fulgor del sol.

El mundo nuevo lo asustaba y despertaba su curiosidad.
El ser emergido de las tinieblas
Se sentía embriagado de luz,
Absorbido por una fuerza nueva y desconocida
Que lo transportaba a tiempos y lugares ignotos.

El impacto de la claridad fue tan fuerte
En la ensombrecida conciencia del extranjero,
Que se aferró tenazmente al nuevo resplandor,
Perdiendo así el rumbo
Que su realidad le indicaba.

De pronto se descubrió fragmentado en mil trozos,
Proyectado en mil seres,
Invariablemente definido por su entorno,
Y con tristeza comprendió que sus pies eran de barro.
Decidió regresar al refugio
Para recoger sus mil fragmentos de vida dispersos en las
sombras.

El silencio era profundo.
El ser se detuvo en la encrucijada,
Supo entonces que la luz era buena,

Se volvió y vio a muchos otros
Que se afanaban por emerger de la cueva.
Sonriendo les tendió su mano
Y decidió compartir con ellos la luz que iluminaba cada día.

LIBRE ALBEDRÍO

Somos libres?
Cuando al fin nuestros custodios nos abren la puerta de la
jaula,
Resulta que nos sabemos volar,
Y nos quebramos mil veces las alas.

¿Tenemos libre albedrío? ¿Sobre qué?
Si estamos condicionados por el tiempo,
El lugar, las imperfecciones, el error,
La ignorancia de nuestros padres,
Si pasan años hasta que muy precariamente
Empezamos a conducir, a creer que conducimos nuestras
vidas,
Si nuestro destino está unido al de todos,
Jamás, jamás seremos libres, al menos no aquí.

Inexorablemente debemos cumplir un destino
Que nos está señalado desde el comienzo del mundo,
Ya que todo el universo está matemáticamente calculado.
El hombre es como un barco que no puede apartarse de su
ruta,
Y sólo puede elegir entre llegar a puerto victorioso, o
naufragar.

MAÑANA

Mañana el océano se mecerá en su misterioso lecho verde,
Cantando su ronco arrorró a caracoles y peces.
En el horizonte correrán, confundiéndose,
Barcos, aves y nubes.

El cielo se ahondará en su azul de zafiros,
El sol entibiará la arena bordada de nácar,
Las gaviotas llenarán la playa con su algarabía,
El viento jugará con la espuma, acariciando nuestra playa...
La vida continuará imperturbable...
Nosotros ya no estaremos allí.

Yo te recordaré...
Tú me recordarás...
Porque mientras la tarde cantaba,
Nosotros plantamos la semilla del sagrado árbol de la
amistad
Que siempre verde perfumará nuestras vidas
Mientras tú puedas llamarme Amiga
Y yo pueda llamarte Amigo.

MARAÑA

Vivimos tropezando entre el querer y no querer, entre el ser
y no ser,
Deslizándonos a tientas por tortuosos caminos oscuros,
O enceguecidos por la luz de mil soles.

Añoramos y lloramos el pasado,
Deseamos poder alterarlo
Y nos escondemos en un ayer irreal.

Nos precipitamos hacia el futuro,
O tememos lo que quizás nunca sea.
Desdeñamos el presente, dejándolo correr a la deriva,
Anhelamos ser lo que no somos
Y somos lo que no queremos ser.

Cerramos los ojos a la realidad.
Desperdiciando tiempo, talentos y energía.
Soñamos tener lo que no podemos alcanzar,
O lo que ignoramos que ya poseemos.

No comprendemos que nuestra única labor
Siempre está aquí y comienza ahora,
Que cada uno tiene su puesto y su tarea.

Somos piezas de alfarero en las que el Artista trabaja
diariamente,
Somos piedras preciosas pulidas por las vivencias cotidianas,
Y sólo transcenderemos cuando crezcamos
Y seamos capaces de comprenderlo y aceptarlo.
Brillaremos como estrellas refulgentes reflejando el amor de
Dios
Cuando sepamos vivir desde el corazón.

NATURALEZA

Tú que te extasías admirando mis paisajes,
¿Qué sabes sobre mí?
Sí, todavía soy muy hermosa, indudablemente.
Sin embargo, si me hubieras visto antaño hoy no me
reconocerías
Porque ahora sólo soy un pálido reflejo
De la obra maestra que Dios creó.

Tiempo ha yo gozaba del respeto y amor
Que los hombres me profesaban,
Mas hoy me explotan y profanan por el oro que anhelan
Sin comprender que aniquilándome a mí
Ellos firman su sentencia de muerte.

Mi vegetación era mucho más verde, densa y perfumada,
Y mis exquisitos frutos alcanzaban para todos mis vástagos.
Mis cielos eran intensamente más azules
Y mi atmósfera muy pura y diáfana.

Mis aguas corrían libres y limpias por mares y ríos,
Y calmaban la sed de todos mis hijos.
Mis montañas, cofres repletos de exuberantes piedras
preciosas
Cobijaban a humanos y animales.

Tú que admiras mis paisajes,
Escruta detenidamente a tu alrededor
Y denuncia el crimen que se perpetra día a día.
Tú que aún percibes la belleza eres la voz de la naturaleza.

NUBES

Un amanecer de nubes anaranjadas
Que rodaban lentamente por la montaña
Y se desvanecían entre las verdes ramas
De una primavera incipiente,
Desperté bruscamente.

Quise saber quién era, mas no pude recordarlo,
Y con trémula mano
Llamé a la puerta del ayer,
Pero nadie respondió.

Buscando mi identidad, me volví sueño,
Y volé en pos de locas quimeras,
Mas al igual que las nubes del alba
Me esfumé sin saberlo siquiera.

NUESTRO VALS

34

Al banquete al que nos convidó la vida,
Tú llegaste con demasiada premura,
Y yo me retrasé,
Pero ya estamos juntos
Para deleitarnos con el delicioso postre
Durante un larguísimo tiempo,
Mientras la orquesta ejecuta el vals del amor.
La fiesta no acabará nunca.

ORDEN DIVINO

35

La naturaleza canta en su diversidad de pájaros,
Ríe en las prístinas cascadas,
Medita en la serenidad de las grandes montañas,
Duerme en la belleza de los glaciares,
Se ilumina en el fuego de las estrellas,
Danza en los vientos,
Se engalana en el color y aroma de las flores,

Juega en los animales,
Se entrega generosa en los frutos,
Se derrama pródiga en las llanuras,
Habla con sabiduría en los volcanes,
Muestra su poder en las tempestades,
Sueña en el candor y la inocencia,
Se regocija en la bondad,

Llora en la crueldad y la indiferencia,
Ora en la quietud de los bosques,
Recuerda su pacto en cada arco iris,
Se abre como un libro ante el ser que contempla,
Espera en la verdad y la ley
Porque es la manifestación del Orden Divino.

PREGUNTAS SIN RESPUESTAS

¿En qué recodo del camino la humanidad habrá perdido su
capacidad de jugar y sonreír?
¿Cuándo habrá inventado el primer arma para matar a su
hermano?
¿Por qué delimitó territorios?
¿Cómo sucedió que un día se despertó pensando que si su
vecino era diferente a él,
Automáticamente se convertía en su enemigo, y debía
destruirlo?
¿Qué lo indujo a renegar y quebrantar las sabias, naturales
leyes del cosmos,
Y crearse para sí mismo y su entorno el más terrible de los
infiernos?

¿QUÉ HACER?

Si te digo que sí,
Deberé bajar de la cima para que puedas tocarme,
Y entonces te seré algo cotidiano.
Si me niego, el reproche y la incomprensión hará que me
envuelvas en misterio y tabú,
Y en ambos casos te alejarás.

QUIEN

38

Quien sea capaz de desgranar su alma en verso,
Tendrá la sonrisa franca,
La mirada perdida,
Las manos limpias,
La palabra cierta,
Y en su camino de humano,
Sabrá apartar las espinas de las flores,
Diferenciar la buena hierba de la maleza,
Y tendrá en medio del caos un jardín siempre verde.

REMEMBRANZA

Ayer bajé la escalera que conduce al jardín,
Y un rayo de sol que atravesaba el vidrio
Me envolvió en su dorada luz.
Al empujar la puerta el calor rozó mi corazón,
Y un recuerdo vago cosquilleó mi memoria.
Salí, y el atardecer, rodando por el bruñido oeste
Me murmuró historias pasadas,
Y una pena inaudita me embargó el alma.

Me apoyé en la puerta cerrada,
Me pesaba demasiado el alma para emprender la marcha.
Mi perra, impaciente, tironeaba de mí,
Pero yo me sentía atada a ese rayo de sol
Que dibujaba recuerdos sobre la vieja madera.
Traté en vano de recordar,
Mas los recuerdos se escabulleron detrás del resplandor
vespertino.

Lentamente caminé algunos pasos,
Y me volví a mirar la puerta cubierta de sol.
Escarbé afanosamente en el tiempo,
Esforzándome en desatar la maraña invisible
Que enredaba mi mente
Donde quizás yacía escondido
Un ayer que pujaba por emerger de las tinieblas
De aquella puerta de madera encendida por el sol
De un apacible ocaso otoñal.

Finalmente me alejé con paso lento,
Mirando hacia atrás con nostalgia repetidas veces,
Arrastrando una vieja, pesada tristeza,
Mientras un recuerdo, tal vez inexistente,

Flotaba en las alas de la brisa,
Me mordía el corazón,
Y huía de mí esquivo y burlón.

La tarde seguía rodando por el oeste infinito,
Absorbiendo sensaciones e imágenes,
Mientras la noche, oliendo a jazmín,
Invadía el espacio, borrándolo todo.

SÁBADO

Hoy es sábado...
Desde el fondo del horizonte vienen galopando las sombras
Sobre las crestas blancas del mar,
Las sombras que se convertirán en noche,
Una noche más en que tu ausencia me clavará filosos
puñales...

En silencio gritaré tu nombre, y quizás mi llamado
Resuene como un eco lejano en la gran fiesta de tu vida.

Correré por los recuerdos del pasado
Tratando vanamente de alcanzarte,
Y finalmente me dormiré
Esperando encontrarte en alguna esquina del sueño.

No, hoy no es sábado,
Nunca más será sábado.
Sábado fue una noche en que me diste una rosa
Y me dijiste que ese era un regalo entre esposos,
Y al despedirnos me preguntaste si quería la flor.
Vibramos al unísono en la oscuridad arrullados por el
océano,
Y nos besamos sellando una silenciosa promesa.

Sábado fueron también otras noches
En que el invisible telar de la vida
Fue entretejiendo los lazos que ciñeron nuestros corazones.

Yo me dormí en el encantamiento
Y quedé presa en la trama de intrincados laberintos.
Esperando... Esperando... Esperando...
Tú, ardiendo de impaciencia y deseo,

Te alejaste confundido, desilusionado, apurando el vaso del
olvido.

Si hoy fuera sábado...
Si hoy fuera sábado
Te abrazaría como nunca abracé a nadie,
Ni siquiera a ti,
Y volcaría mi corazón abierto en tus manos
Para que conocieras todos mis secretos
Y lentamente, como una flor en el crepúsculo, me abriría
Perfumada y húmeda para que tú me amaras...
Si hoy fuera sábado...

SABIDURÍA

43

Si eres capaz de detenerte en tu afanosa carrera de cada día
Para contemplar una flor,
Eres un hombre sabio,
Pues, cuando partas en la nave silenciosa del último viaje,
Ninguna conquista terrenal podrás llevarte contigo.
Con premura empacarás tu equipaje,
Tus entrañables afectos,
Los conocimientos adquiridos,
La esencia de la flor.

SERES HUMANOS

Seres humanos, soberbios y orgullosos,
Durante muchos siglos creímos que la Tierra era el centro
del universo,
Y todos los planetas y estrellas giraban alrededor nuestro,
Hasta que finalmente se descubrió lo contrario.
La Tierra es un planeta más girando en torno al sol
Y nuestro sol es sólo una estrella más entre millones de
estrellas.

Aún así los seres humanos continuamos sintiéndonos los
reyes del planeta, los reyes del universo.
Lo sabemos todo, lo podemos todo, lo dominamos todo.
Para nosotros no existen secretos,
Para todo enigma hallamos una explicación,
Y nos suponemos capaces de comprender los más intrínsecos
misterios divinos.
La puerta hacia un mundo mejor es la humildad.

El día que la raza humana toda, desde el fondo de su corazón
incline su cabeza, ore,
Y comprenda que es hermano del vegetal, del mineral, del
animal, y de la estrella,
El día que aceptemos nuestras limitaciones,
Escuchemos la sabia voz de la naturaleza,
Comprendamos que estamos aprendiendo,
Y que aún nos queda mucho camino para recorrer,
Ese día algo maravilloso ocurrirá:
Dios sonreirá y sus bendiciones lloverán sobre nosotros.

SUEÑOS

Ocres lágrimas de sol poniente
Resbalan del verde henchido de gorjeos
Y se desparraman sobre la playa dibujando quimeras.

Un gato blanco bosteza, despereza y observa,
Las últimas bandadas de gaviotas se alejan bulliciosas,
Un barco y una nube se cruzan, confundiéndose en el
horizonte,
Un gran pez salta y se zambulle estrepitosamente,
Llenando el aire de gotas danzarinas.

Las olas mansas acunan la tarde adormecida
Y juegan con guijarros, caracolas y algas.

La brisa cálida trae el suspiro de los jazmines
Y el paso cadencioso de un tren lejano.

Abro la puerta secreta de los recuerdos,
Y allí estás tú, tomado de mi mano, enredado en mi sonrisa,
Siempre esperándome en mis sueños.

La noche se acerca cabalgando luciérnagas
A través del infinito espacio silencioso
Y derramando carcajadas de estrellas
Sobre el océano, eco de mi voz que te llama.

La luna navega lentamente hacia el oeste
Y los grillos entonan canciones de amor.
Yo escribo nuestros nombres en la arena
Que las olas se apuran a borrar.
Te busco en el tiempo y la distancia
Y una vez más nos volvemos a encontrar.

TENER O NO TENER

Tener, uno de los verbos más usados en nuestro vocabulario
cotidiano.
Decimos "tengo" con orgullo,
"Tenía" con nostalgia de lo que ya no existe,
"Tendré" con esperanza.
¿Pero qué es lo que realmente tenemos?
¿Qué es en verdad totalmente nuestro?

Llegamos a este mundo con las manos vacías,
Y al cabo de una cierta cantidad de años
Ya previamente determinada por Dios,
Después de haber transitado por un camino bordeado
Entre el destino inexorable y el libre albedrío,
Un día nos vamos, también con las manos vacías.

Entonces, ¿qué significa tener?
¿Qué poseemos?
Materialmente no tenemos nada, absolutamente nada,
Pues todo nos ha sido prestado para desempeñar una misión.
¿Cuál es esa misión tan importante,
Capaz de justificar el tránsito maravilloso y doloroso
Por el serpenteante sendero que llamamos vida?

La misión del ser humano se divide en dos partes: aprender y
amar.
Aprendemos a través de errores y experiencias,
Leyendo y observándolo todo,
Siendo humildes y aceptando
Que todo ser vivo,
Persona, animal, vegetal, mineral, átomo o estrella
Y situaciones son nuestros potenciales maestros.

Mas nadie puede enseñarnos nada
Si nosotros no tomamos la decisión de aprender,
Por tanto, hallaremos al maestro en el momento preciso.
Aprendemos abriendo nuestra mente,
Permitiendo que el sol de la verdad elimine las telarañas de
la ignorancia.
Aprendemos abriendo nuestras puertas a todo lo nuevo,
Razonando, sintiendo, comprobando,
Examinando toda teoría que se nos presenta.

Aprendemos estudiando las leyes de la naturaleza
Y poniéndolas en práctica día a día.
Aprendemos creciendo hasta el infinito como seres humanos,
Mientras conservamos en nuestro interior siempre vivo
El niño que juega, sonríe y confía.

¿Y qué es amar?
Amar es como un manantial de agua cristalina que brota del
alma,
E inunda el cosmos en una canción de estrellas.
Amar es dar a manos llenas, no de aquello que nos sobra,
Sino de lo que más apreciamos para nosotros mismos.
Amar es compartir el conocimiento adquirido
Para mostrarle a otros diferentes caminos.
Amar es cumplir nuestros deberes
Y respetar los derechos del prójimo.

Amar es defender y no ofender.
Amar es comprender, compadecer, perdonar, proteger,
respetar.
Amar es encontrarse a sí mismo, llenarse de luz y esparcirse
por doquier.
Amar es envolver al universo en un abrazo eterno,
Y vibrar en armonía
Con la piedra, el árbol, el animal, el hombre, la lluvia, la
creación toda.

Amar es el simple, pequeño gesto cotidiano de bondad hacia todos,
Siempre en aras de servir.
Amar es... ¿Qué piensas tú que es amar?

TRAVESURA

La traviesa tarde azul
Arrojó una manzana roja al mar
Y luego se envolvió
En una capa de terciopelo negro bordada de brillantes.
Se calzó sus zapatillas de baile color lavanda
Y se deslizó furtivamente por el horizonte.

La luna amarilla y llena rodaba serena cuesta abajo
Por la parda colina salpicada de diamantes.
Los viejos gigantes dormidos inclinaban sus verdes cabezas,
Reverenciando la tierra perfumada.
La noche entonaba melodías de fuego con voz de grillos y
ranas.
El alba se desperezó sonriente
Y aún enredada en su camisón de encaje rosa,
Se echó a correr por los verdes campos pintando pájaros y
flores de múltiples colores.

La mañana bajó saltando la ladera de la montaña
Y se zambulló en las frías aguas del río.
Le hizo cosquillas a un pez,
Abrazó al nuevo día y le regaló una corona de oro.
El sol brincaba de peña en peña,
Olvidando diminutos rayos aquí y allá.
Tanto retozó por los caminos que al final cayó dormido
En el mar, y se lo tragó la noche.

YA NO BUSCO PARAÍSOS

La mañana en que las rosas emergieron de sus capullos,
Tomaste mi mano, y nos encaminamos hacia la playa.
Allí me mostraste la barca que habías construido,
Y me invitaste a acompañarte.
Juntos buscaríamos el paraíso.

Bajo la luna del estío fui pájaro que cantó en tus noches.
Encendí el sol cada mañana para ti,
Y fui la sonrisa que te alentó en tus desmayos.

Buscaríamos el paraíso... Era tu última oportunidad.
Navegamos incontables mares
Durante muchas lunas.
Pusimos proa hacia infinitos arco iris
Anclamos en innumerables crepúsculos,
Y éramos felices, la vida nos sonreía.

Una noche de invierno la tempestad se desató inclemente,
Y golpeó rudamente la frágil embarcación.
En el oscuro torbellino busqué tu mano,
Y sólo pude abrazarme al vacío.
Te habías marchado.
En el rugir de la tormenta mi voz gritó tu nombre.

Temblando de frío y miedo, me aferré a un madero.
Desde entonces muchos soles
Alumbraron mi soledad y mi descolorido retazo de ilusión.

Cómo haré para encontrar el paraíso que me prometiste?
Cómo lo reconoceré si la corriente me empuja a sus playas?

El tiempo agotó mis lágrimas, templó mis emociones.
Ahora navego por un mar calmo aunque desconocido
Hacia algún lugar donde tú no estás,
Pues las rejas de la traición te aprisionan
En tu noche infinita y sin estrellas.
Si en mi largo viaje hallo a otro náufrago,
Compartiré con él mi suerte.

Ya no busco paraísos,
Ya no corro en pos de quimeras,
Tan sólo ansío un pequeño puerto escondido
Donde anclar mis sueños y hallar la paz.

VERSOS PERDIDOS

En aquel gran viejo baúl
Yo encontré un fino tul
De color blanco y azul
Que el abuelo de Raúl
Le envió desde Seúl
Antes de viajar a Kabul.
A comer hojas de abedul.

El estudiante Carlos Padilla
Decidió un día visitar Sevilla.
Para conocer la gran maravilla
De la que le habló una ardilla.
Cuando él llegó a la orilla
Con respeto dobló la rodilla
Y cansado se sentó en una silla.
Luego el recorrió toda la villa
Montado en una vieja carretilla,
Y al llegar a casa de Gavilla
Le dio un beso en la mejilla
Y le regaló una peladilla.
Su amigo estaba en una camilla
Afeitándose la barbilla
Antes de vestir la camisa amarilla.

Cuando comenzó la frenética danza
Al grito del coronel Carranza,
Yo ignoraba que la ganza
Subiría a la balanza
A rascarse la panza,
Y aun siendo tan mansa
Nos mostrase una lanza.

La joven Teresa
Rehusó servir la mesa
Donde la fina condesa
Comió pan y cerveza

Antes de perderse en la maleza.
De lejanos mares llego el marino
A visitar a su padrino
Y beber un vaso de vino
Especiado con comino,
Y se fue a recorrer caminos.

GOTAS DE AGUA

Las mariposas no vuelan en la oscuridad.
El viento no puede ser aprisionado.
El misterio deja de ser una incógnita cuando se rasga el velo
de la ignorancia que lo esconde.

Las palabras pueden ser gemas o dardos.
Las flores sólo ofrendan su perfume al que las ama.
Los amigos son preciosos regalos de Dios.

Los niños vienen al mundo con una sonrisa que los adultos
pronto transforman en llanto.
Existen muchos más espejismos que verdaderos oasis.
La cosa más horrenda, morbosa e inútil es la guerra en todas
sus manifestaciones.

El tiempo vuelve presuroso las hojas en blanco del libro de la
vida, y el alma, cargada de palabras silenciosas que quizás la
voz jamás pronuncie, ni la mano dibuje, llora... llora...

Cuando una nube pase por tu ventana, tómate un instante
para contemplarla y admirarla, pues no volverás a verla.

Si te digo que sí deberé bajar de la cima para que puedas
tocarme, y entonces te seré algo cotidiano. Si me niego, el
reproche y la incomprensión harán que me envuelvas en
misterio y tabú, y en ambos casos te alejarás.

Si el fuerte viento quiebra tu viejo paraguas, déjale caer, no
intentes repararlo. Levanta la cabeza, camina con paso firme,
y enfrenta la tempestad.

Todas las cartas que recibimos de nuestros mejores amigos y todos los libros que escriben nuestros amigos desconocidos, los atesoramos en la sagrada biblioteca de nuestro recuerdo, cuya llave siempre portamos.

Cada nuevo día es una nueva esperanza que nos despierta cada mañana.
La ilusión que dejaste morir te perseguirá como un espectro durante toda tu vida.
El misterio del mal reside en comprender por qué el hombre prefiere el odio al amor.

En cada niño que nace habría una esperanza si le regaláramos el milagro de un mundo de amor en vez de esperar que él lo construya.

Si cada uno de nosotros supiera reconocer al Principito, y aceptara con gusto su visita para escucharle contar su historia de amor, a nadie se le ocurriría hacer la guerra.

Un día vi un cielo muy azul, y lo contemplé extasiada, creyendo que era todo lo azul que le podía pedir al cielo. Pero otro día, en otro lugar, vi otro cielo tan intensa y profundamente azul, que comprendí que siempre habría algo más.

Si tienes un problema insoluble, arrójalo al olvido. El tiempo irá limando sus asperezas, y entonces dejará de ser problema.

A veces nos sentimos como si alguien nos ofreciera una copa de agua fresca en el momento en que nuestra sed arrecia, y cuando estamos por beberlo, ésta se hace trizas en nuestras manos. Entonces conocemos qué es la frustración.

Perdona, comprende, dale otra oportunidad al que te hirió, es sólo un ser humano igual que tú.
Nuestro hogar es el artesano que modela la fresca arcilla de nuestra niñez.

No estar a favor de la corrupción no significa erigirse en juez, ni tampoco estar a salvo de todo pecado.

www.ingramcontent.com/pod-product-compliance
Lightning Source LLC
Chambersburg PA
CBHW051359150726
48000CB00003B/1255